Love Trio
Trío de Amor

by Alistair Cockburn

ISBN 978-1-7375197-4-4
Humans and Technology Press
32 W 200 S #504
Salt Lake City, UT 84101
v1.0a-221206-1328

Preface

I was never interested in poetry at any level until I spent a month in Berlin. It was a cold and snowy December, before the internet, and I had no contact with anyone in English.

One day while visiting the botanical gardens, for no known reason, I started writing poems. Nonstop, for days. Maybe it was my English brain seeking outlet. This continued for some months, writing about any subject, anytime, anywhere. Dozens of poems.

Now with the internet, I no longer walk with nothing to do but let my brain find thoughts and words. The last poem I wrote was on the highway in Miami -- I wrote it in my head while driving, then wrote it down as fast as I could when I got home.

A poem comes to me as a window that opens for about 30 minutes. I see something and try to describe just what I see. Once the window closes, the image goes away and I never see it again.

For this reason, I don't retouch my poems. I've tried that. Years after, I look at them, and see that the revised one is no better than the original. So I honor the window, and change nothing.

These poems about love, and especially touching on sex, are hard for me to publish. I have written technical books. Most of my poems are safe, abstract ones. This book is a leap for me. I know that my close friends are celebrating this leap. Thank you, friends.

So for you, dear reader, I hope at least one poem in here speaks to you.

Alistair Cockburn
Gulfport, December 2022

Prefacio

Nunca me interesó la poesía en ningún nivel hasta que pasé un mes en Berlín. Era un diciembre frío y con nieve, antes del Internet, y no tenía contacto con nadie que hablara en inglés.

Un día mientras visitaba los jardines botánicos, sin razón conocida, comencé a escribir poemas. Sin parar, durante días. Tal vez fue mi cerebro inglés buscando salida. Esto continuó durante algunos meses, escribiendo sobre cualquier tema, en cualquier momento y en cualquier lugar. Decenas de poemas.

Ahora con Internet, ya no camino sin nada que hacer sino que dejo que mi cerebro encuentre pensamientos y palabras. El último poema que escribí fue en la carretera de Miami, lo escribí en mi cabeza mientras conducía y luego lo escribí lo más rápido que pude cuando llegué a casa.

Un poema me llega como una ventana que se abre durante unos 30 minutos. Veo algo y trato de describir exactamente lo que veo. Una vez que se cierra la ventana, la imagen desaparece y nunca más la vuelvo a ver.

Por eso no retoco mis poemas. Lo he intentado. Años después, los miro y veo que el revisado no es mejor que el original. Así que honro la ventana y no cambio nada.

Estos poemas sobre el amor, y especialmente sobre el sexo, me resultan difíciles de publicar. He escrito libros técnicos. La mayoría de mis poemas son seguros, abstractos. Este libro es un salto para mí. Sé que mis amigos cercanos están celebrando este salto. Gracias amigos.

Así que para ti, querido lector, espero que al menos un poema aquí te hable.

Alistair Cockburn
Gulfport, December 2022

Table of Contents

Love Trio, Trío de Amor

Love Trio, Trío de Amor

8

Love Trio, Trío de Amor

Love Trio

I

Demanding love is one-quarter love.
You love yourself and want your lover to be
The way you want your lover to be.

Undemanding love is one-third love.
You love your lover,
And accept the sins and lies as truth,
Or critical to your uncritical Love.

Unrequited love is a questionable love.
It is love in transit,
Becoming, or vanishing. If vanishing,
You may demand your lover love you back
   (see footnote above, "Demanding Love"),
Or you may become a guardian angel.

Trío de Amor

I

El amor exigente es un amor de un cuarto.
Te amas a ti mismo y quieres que tu amante sea
De la forma en que quieres que sea tu amante.

El amor que no demanda es un amor de un tercio.
Amas a tu amante,
Y aceptas los pecados y las mentiras como verdad,
O como crítico para tu amor no critica.

El amor no correspondido es un amor
cuestionable.
Es amor en tránsito,
Creciendo o desapareciendo.
Si desapareciendo,
Puedes exigirle a tu amante que te corresponda
   (mira la nota de arriba, "El amor exigente"),
O te convertirás en un ángel de la guarda.

Love Trio, Trío de Amor

The full one-half love demands you love your lover,
And love your lover's needs
As you love your own.
If you must ask me what to do
in case of conflict,
you don't understand.

El amor de la mitad – el amor completo – exige
que ames a tu amante,
Y que ames las necesidades de tu amante
Como amas a las tuyas.
Si debes preguntar que hacer
en caso de conflicto,
no lo entiendes.

The full one-half love demands you love
yourself
As much as you love your lover,
And love your own needs
As you love your lover's.
How do you resolve a conflict between
a need of your own and a need
of your own?
If you have to ask,
you still don't understand.

El amor de la mitad exige que te ames a ti
mismo
De la misma manera que amas a tu amante
Y que ames tus propias necesidades
Como amas a las de tu amante.
¿Cómo se resuelve un conflicto entre
una necesidad tuya y
una necesidad tuya?
Si tienes que preguntar,
todavía no lo entiendes.

The full one-half love is a most demanding
love
   (do not see footnote above, "Demanding
Love"),
But it makes
One-half plus one-half
   Two.

El amor de la mitad es el amor más exigente
   (no mires la nota de arriba, "El amor exigente"),
Mas la suma
De la mitad más la mitad es
   Dos.

Love Trio, Trío de Amor

II	II
My love and your love	Mi amor y tu amor
are as different as they are alike.	son tan diferentes como similares.
My love of you is like	Mi amor por ti es como
your love of me is not like	tu amor por mi, que no es como
my love of me is not like	mi amor por mi, que no es como
your love of you.	tu amor por ti.
Our love of Jim,	Nuestro amor por Jim
Jim's love of Jane,	El amor de Jim por Jane
Jim's love of John,	El amor de Jim por Juan,
John's love of *Tim*,	El amor de Juan por Tim,
Our love of them, our love of one another,	Nuestro amor por ellos, nuestro amor del uno por el otro,
Your love of it.	Tu amor por eso.
You love it.	Lo amas.
Today I love.	Hoy amo.
Today I am love.	Hoy soy amor.
The love of loves:	El amor de los amores:
That place in you which IS love.	Ese lugar en ti que ES amor.

Love Trio, Trío de Amor

III
In which the word 'Love' is dissected
to find its true meaning.

5 Billion beings
(human)
and many more creatures, in
12 Thousand dialects of
8 Hundred tongues,
for over
9 Thousand years
have tried
to define 1 word
which encompasses
Dozens of emotions
vital to existence,
and failed.

There are over
27 names for "a group of",
each animal deserving its own noun,
21 words for "unhappy"
depending on the degree,
12 ways to say "snow"
(well, which snow do you mean?)
6 measures of beer,

III
En que la palabra "Amor" se disecta
para descubrir su verdadero significado.

5 mil millones de seres
(humanos)
y muchas más criaturas, en
12 mil dialectos de
8 cientas lenguas,
por más de
9 mil años
han intentado
definir 1 palabra
que abarca
Decenas de emociones
vitales para la existencia,
y fallaron.

Hay más de
27 nombres para "un grupo de",
cada animal mereciendo su propio sustantivo,
21 palabras para "infeliz"
dependiendo del grado,
12 formas de decir "nieve"
(bueno, ¿a qué nieve te refieres?)
6 medidas de cerveza,

Love Trio, Trío de Amor

and 1 word for love:	y 1 palabra para amor:
"Love".	"Amor".
16 migraines,	16 migrañas,
2 pads of paper gone empty,	2 pilas de papel se vacían
a wastepaper basket become full,	para llenar una papelera,
and one weary audience later,	y mas tarde una audiencia cansada,
a concession of defeat.	concedo la derrota.
It can't be said any better:	No se puede decir mejor:
"Love".	"Amor".

Love Trio, Trío de Amor

Sex is a dirty word
except in the presence of love.

I love my mother.

Sexo es una mala palabra
excepto en presencia del amor.

Amo a mi madre.

Love Trio, Trío de Amor

A dream life she led

A dream
      life
         she
           led.
It read from
left
    to
      right
un t i l   (inverted/scattered text)
(inverted) d e n r u t
     (inverted) n d s i p ə   p o ʍ u
and
    t h e n
          f e l
         l
  a p
    a
  r
      t .

Una vida de ensueño ella llevó

Una vida de
      ensueño
        ella
          llevó.
Se lee de
izquierda
    a
      derecha
h a s t a q u e (inverted/scattered text)
  (inverted) s ə ʌ o l ʇ ə ǫ
     (inverted) q o ɔ ɐ ɐ q ɐ ʃ o
y
  l u e g o
           e s
        n
      o i v
  a b
    a   j
        o .

15

Survival!

she cried

p
u
a

fortunately

that day

m
e
t
a

soul

who

l
o
v
i
n
g
l
y

put her

right side

up again.

¡Sobrevive!

ella gritó

Afortunadamente

ese día

conoció

a
u
n
a

alma

que

c
a
r
i
ñ
o
s
a
m
e
n
t
e

la

volvió a

juntar.

Love Trio, Trío de Amor

Two potatoes, groping in the dark,
love one another
in the warm, dry earth.
Their neighbors all around
extend their eyes
to spy - to no avail.

A bump, a lump
of new potato grows:
more potatoes for the earth,

to learn to spy,
to love,
to make
potatoes.

Dos papas, tocándose en la oscuridad,
se aman una a la otra
en la tierra cálida y seca.
Sus vecinos alrededor
extienden sus tuberculos
para espiar - en vano.

Bultito a bulto,
una papa nueva crece:
más papas para la tierra,

para aprender a espiar,
a amar,
para hacer
más papas.

Love Trio, Trío de Amor

The big lovable thing
crawled out of the dark,
encircled his body,
climbed onto his lap,
while he cowered.

It kissed him and held him,
enveloped and caressed him,
though he shivered and shrank
and grew faint.

Then he giggled! and chuckled and
laughed and guffawed!
He laughed through the kisses, and
laughed through the hugs,

Till the big lovable thing,
its tenderness shattered,
feeling hurt and rejected,
slithered off.

La adorable gran cosa,
gateó desde la oscuridad,
rodeó su cuerpo,
trepó a su regazo,
mientras el se acobardaba.

Lo besó, lo abrazó,
lo envolvió, lo acarició,
aunque se estremeció y se encogió
y se volvio debil.

¡De repente le salió una risilla! Luego rió
entre dientes, luego con voz alta, y despues a
carcajadas.
Se rió entre los besos,
se rió entre los abrazos,

Hasta que la adorable gran cosa,
su ternura se hizo añicos,
sintiéndose herido y rechazado,
se deslizó fuera.

Love Trio, Trío de Amor

2 lights of differing color
(one magenta; one green)
looked upon the world
according to their inner.

The green had pity on the other,
realizing that for it
the room was surely dark,
and being charitable,
shone the brighter.

  Not for many years did green notice
  that
    together they formed white.

2 luces de colores diferentes
(una magenta; una verde)
miraron al mundo
según su interior (identidad).

La verde se apiadó de la otra,
dándose cuenta de que por ella
la sala seguramente estaba oscura,
y siendo caritativa,
resplandeció aún más brillante.

No por muchos años se dio cuenta la luz verde
que
    juntas formaron una luz blanca.

Love Trio, Trío de Amor

He loves my metaphysical
being,
metaphysically. I love him physically.
I love his physical being,
physically being with him,
physically touching him,
physically.

He loves me metaphysically.
He loves my mind, my eyelashes,
the outline of my cuticles.
The trace in the air when I walk by,
my handwriting, the vision and
smell of me
kissing him over the phone.
I loved him physically.

I met-another-physical being.
Physically being with him
was Oh so
physical.
We flew, we sang. We ran
away.
He watched us go,
metaphysical, as always.

Él ama mi metafísico
ser,
metafísicamente. Lo amo físicamente
Amo su ser físico,
físicamente estando con él,
físicamente tocandolo ,
físicamente.

Me ama metafísicamente.
Ama mi mente, mis pestañas,
el contorno de mis cutículas.
El rastro en el aire cuando paso,
mi caligrafía, la visión y
mi olor
besándolo por teléfono.
Lo amaba físicamente.

Conocí a otro ser físico.
Estando físicamente con él
Fue tan
físico.
Volamos, cantamos. Nosotros
escapamos.
El nos vio irnos,
metafísico como siempre.

Love Trio, Trío de Amor

My metanother physical being and I
had our inevitable physical spat.
His touch grew cold.
His physical being,
his warmth, withdrew,
Oh so physically.

He watched me return,
metaphysically, as always.
He had loved my
being in its absence.
The silence of my voice, the air
where my trace had once been,
my being,
absent.

Now he loves my smell, my eyelashes,
the trace in the air when I walk by,
the outline of my cuticles.
He loves my metaphysical being,
metaphysically.
I love him physically.

Mi otro ser físico y yo
Tuvimos nuestra inevitable riña física.
Su cariños se volvieron fríos.
Su ser físico,
su calidez, se retrajo,
Ay, tan físicamente.

Él me vio regresar
metafísicamente, como siempre.
ha amado a mi ser
en mi ausencia.
El silencio de mi voz, el aire
donde una vez mi rastro había pasado,
mi ser,
que estuvo ausente.

Ahora a el le encanta mi olor, mis pestañas,
el rastro en el aire cuando paso,
el contorno de mis cutículas.
El ama mi ser metafísico,
metafísicamente.
Yo lo amo corporalmente.

Love Trio, Trío de Amor

They sit beside the fireplace.
She nestles against his chest,
he strokes her hair, caresses her back
and worries, "How do I proceed?"

She sighs to herself, "Home free."

Se sientan junto a la chimenea.
Ella se acurruca contra su pecho,
le acaricia el pelo, le acaricia la espalda
y se preocupa, "¿Cómo sigo adelante?"

Ella suspira para sí misma, "misión cumplida".

Love Trio, Trío de Amor

We see the same world and our thoughts
go different ways
We walk in different tracks, held together
by our hands and hearts.

I love you,
you love me more,
yet we must hold hands to talk.

The single shiver that runs across our two skins
when we touch
reminds us of our patience (wait,
let me try to say it again)
and the little we are able to turn into words
strays off, in search of a
sympathetic partner.

Vemos el mismo mundo y nuestros pensamientos
se van en direcciones diferentes.
Caminamos en pistas diferentes, unidos
por nuestras manos y corazones.

Te amo,
Tu me amas más,
sin embargo, necesitamos tomarnos de las
manos para hablar.

El único escalofrío que recorre nuestras pieles
cuando nos tocamos
nos recuerda nuestra paciencia (espera,
déjame intentar decirlo de nuevo)
y lo poco que somos capaces de convertir en
palabras
se aleja, en busca de un
compañero comprensivo.

Love Trio, Trío de Amor

What a world this must be ! when two so in
love,
with such assiduous patience,
sitting on either side
of an insurmountable barrier
low enough to kiss across,

Cannot describe one world to another,
How can it be for those at feud,
raised in dislike
unable to hear
trying each to explain their story?

I love your world
whatever it is,
I wish you the best of luck in it.
And I'll continue to try
to allow
A few scraps of your song
to cross into mine.

¡Qué mundo debe ser este! cuando dos tan
enamorados,
con tan asidua paciencia,
sentados a cada lado
de una barrera infranqueable
lo suficientemente baja para besarse,

No puedo describir un mundo a otro
¿Cómo puede ser para los que están en
disputa,
criados en animosidad
incapaces de escuchar
tratando de que cada uno explique su historia?

Amo tu mundo
lo que sea que es,
Te deseo la mejor de las suertes.
Y seguiré intentando
permitir
Algunos fragmentos de tu canción
Que cruzan a la mía.

Love Trio, Trío de Amor

Muscles - firm, round,
solid but giving,
compressing a history
of diet, exercise, worry, and living.

Muscles,
and skin -
smooth, soft,
sliding without effort over the solid
underneath.

Your fingers,
pressing skin,
penetrate the muscles,
probe the history,
massage the worry.

The sun
 through the window, and
your fingers,
on skin,
on muscles.

Músculos - firmes, redondos,
sólidos pero que ceden,
comprimiendo una historia
de dieta, ejercicio, preocupaciones y vida.

Músculos,
y piel -
liso, suave,
deslizándose sin esfuerzo sobre la sólida
interna.

Tus dedos,
presionando la piel,
penetran los músculos,
sondean la historia,
masajean la preocupación.

El sol
a través de la ventana, y
tus dedos,
en la piel
en los músculos.

Love Trio, Trío de Amor

I drop clouds of kisses,
soft and tender, which land
on your face
on your hair
on your tender neck.

The smallest melt at the moment they touch.
The larger rest a moment while you feel
them,
then melt.
The largest, the soft ones, stay
lightly
on your skin
on your neck
on your lips
as I do, in my dreams,

and you remember.

I kiss you with clouds of kisses,
and you become calm, relaxed,
under my blanket of kisses.

Dejo caer nubes de besos
suaves y tiernos, que aterrizan
en tu cara
en tu cabello
en tu cuello tierno.

Los más pequeños se derriten en el momento
en que se tocan.
Los más grandes se quedan por un momento
mientras los sientes,
luego se derriten.
Los más grandes, los mas suaves, se quedan
ligeramente
en tu piel
en tu cuello
en tus labios
como hago yo en mis sueños,

y te recuerdas.

Te beso con nubes de besos,
y te calmas, relajas,
bajo mi manto de besos.

Love Trio, Trío de Amor

There is a universe in your eyes.
Mathematical curves, ellipses,
fractal contours in the iris.

Emotion:
    love
    understanding.

Reflections of your surroundings.
Ten thousand lights,
reflections of reflections,
even a reflection of me.

A universe in your eyes,
and all on the surface.
Then there are the depths.

Hay un universo en tus ojos.
Curvas matemáticas, elipses,
contornos fractales en el iris.

Emoción:
    amor
    comprensión.

Reflejos de tu entorno.
Diez mil luces
reflejos de reflejos,
incluso un reflejo mío.

Un universo en tus ojos
y todo en la superficie.
Entonces, están las profundidades.

Love Trio, Trío de Amor

Gentle snowflakes fall
on top of sleeping lashes.
You blink, and see me.

Suaves copos de nieve caen
encima de pestañas dormidas.
Parpadeas, y me ves.

Love Trio, Trío de Amor

Lying curled up in the sand

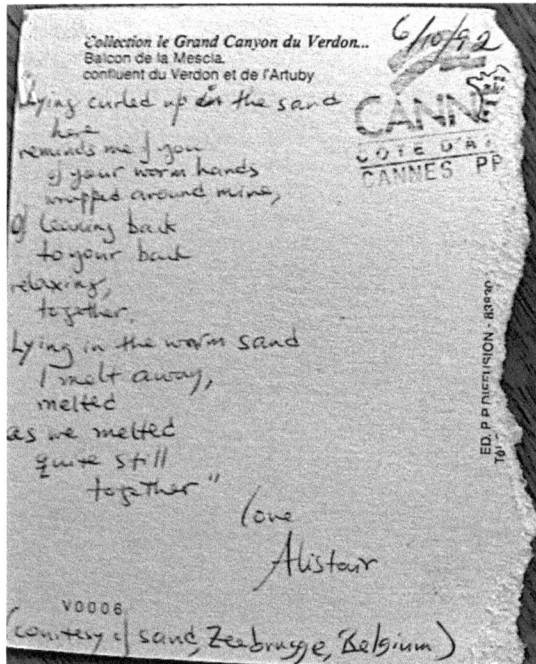

Acostado aqui acurrucado en la arena
me recuerda a ti,
a tus manos cálidas
envueltas alrededor de las mías,
a recostarme
a tu espalda,
relajándonos
juntos.

Acostado en la arena tibia
me esfumo,
derretido
tal como nos fundimos,
quietamente
juntos

Love Trio, Trío de Amor

Growth of Understanding

I am,
    you know
With time I learn,
    I think
I
And then I learn to know
    you
and we
learn about each other.

I think I know you
    but I learn
I don't
Slowly, I think
    I don't
know
you
And with time
    I worry
    I
about us

Crecimiento del Entendimiento

Yo soy,
    Tu sabes
Con el tiempo aprendo,
    Yo creo
Yo
Y luego aprendo a conocer
    te
y aprendemos
del uno al otro.

Creo que te conozco
    pero aprendo
que no.
Lentamente, creo
    que no
te conozco.
Y con el tiempo
    me preocupo
    yo
acerca de nosotros
    acerca de ti

Love Trio, Trío de Amor

about you
about how you aren't what I thought
  I knew you to be.
Hmm.

And now with time I think
  maybe
I can
  learn to know
you.
I.
I learn not
  to think I know
you
but just to watch
  and learn

I think you learn
  the same
Because now,
  not knowing whether
we know each other
we seem to understand
    us
you
I.

acerca de ti
acerca de que no eres lo que pensaba que
  sabia que eras.
Mmm.

Y ahora con el tiempo
  pienso quizás
que pueda
  aprender a conocer
te.
Yo.
Aprendo a no
  pensar que
te conozco
  sino solo a mirar
  y aprender.

Creo que aprendes
  igualmente
Porque ahora,
  sin saber si
nos conocemos
parece que nos
entendemos
  Tú
  yo.

Love Trio, Trío de Amor

Your eyes are still.
Quiet.
They look at me with the stillness of
a thousand years
of peace.
Quiet.
Unsuspecting,
unthreatening,
unerringly accurate in aim;
pierce directly to my heart.

Still eyes
pierce deep,
speak to my heart
fullness to fullness,
void to void,
peace to peace,
with the stillness of a thousand years.

Tus ojos están quietos.
Tranquilos.
Me miran con la quietud de
mil años
de paz
Tranquilos.
Sin sospechas,
sin amenazas ,
infaliblemente preciso en su objetivo;
perforan directamente mi corazón.

Ojos quietos
que perforan profundo,
hablan a mi corazón
plenitud a plenitud,
vacío a vacío,
paz a paz,
con la quietud de mil años.

Love Trio, Trío de Amor

I was lost when I fell into
your eyes, your smile, your curves.

So spacious is reality that I
never noticed the sun turn
into the moon and months
into years and your laugh
into creases that shower gentleness
upon the world.

I stayed inside your eyes
and saw only your smile, and
felt fed for a lifetime

Me estaba perdido cuando caí en
tus ojos, tu sonrisa, tus curvas.

Tan espaciosa es la realidad que
nunca noté que el sol se convertía
en luna, y meses
en años, y tu risa
en pliegues que derraman dulzura
sobre el mundo.

Me quedé dentro de tus ojos
y vi solamente tu sonrisa, y
me sentí colmado para toda la vida.

Love Trio, Trío de Amor

I only know you near me
I don't know you in the distance

Eyes closed,
I know my skin
on your skin
your breath
in my breath
my fingers
in your fingers
your chest
on my chest

your hair:
the warmth in your hair
the silkiness of your hair
in my fingers

Te conozco solo cerca de mí
No te conozco en la distancia

Ojos cerrados,
conozco mi piel
en tu piel
tu aliento
en mi aliento
mis dedos
en tus dedos
tu pecho
en mi pecho

tu cabello:
la calidez de tu cabello
la sedosidad de tu cabello
entre mis dedos

34

Love Trio, Trío de Amor

your heart	tu corazón
near my heart	cerca de mi corazón
your eye so close to mine	tu ojo tan cerca del mío
there are only colors	que solo veo colores
and lights	y luces
I don't know you in the distance	No te conozco en la distancia
I only know you near me	Solo te conozco cerca de mi.

Love Trio, Trío de Amor

I am shaking
as I was shaking this morning

our skins melted
I was am in you,
around you
with you

skins melted
just one

As I was shaking this morning

I am shaking, now

Estoy temblando
Tal como temblaba esta mañana

nuestras pieles derretidas
estuve estoy dentro de ti
alrededor de ti
contigo

pieles derretidas
formando solo una

Tal como temblaba esta mañana

estoy temblando ahora

Love Trio, Trío de Amor

That smell above your ear
of lust and heat
that smell you don't control,

I smell again in the heat here now

but of luxurious plants
whose scent the hot wind warms

Dense fragrance
taking me to
my nose in your hair

your ear

and the smell of want.

Ese olor sobre tu oreja
de lujuria y calor
ese olor que no controlas,

Huelo de nuevo en el calor aquí ahora

pero de plantas lujosas
cuyo olor calienta el viento tibio

Fragancia densa
Me transporta a
mi nariz en tu cabello

tu oreja

y el olor del deseo.

Love Trio, Trío de Amor

I feel your smell, the smell that makes me lust,
in your neck, in your ears,
in the curve of your chest by your armpits —

not day-old beer sweat

but fresh, sweet, in love —

Your person, in person

In your cleft I smell warm liquid
near my tongue,

my nose fills, my senses,

with hormones, with passion
with fragrance,
with you

Siento tu olor, el olor que me da lujuria,
en tu cuello, en tus oídos,
en la curva de tus senos cercana a tus axilas -

no sudor de cerveza del día anterior

mas fresco, dulce, enamorado -

Tu persona presente

En tu intimidad huelo tu tibia humedad
cerca de mi lengua,

mi nariz y mis sentidos se llenan

con hormonas, con pasión
con fragancia,
contigo

Love Trio, Trío de Amor

"A score of women if you count love both large, and small,"
or two score, if you count them all --

but numbers are not heartbeats,
breaths binding souls,
or heartbreaks when they go.

I don't *"make songs of you, of regret or longing,"*
I strive to remember, through my fog
your waist, your hips,
your gaze, greeneyes,
your ardor, brown.

Those times: the panting, eyes gone to the stars,
those hours: legs wrapped around me like a vine,

"Unas veinte mujeres si cuentas el amor ambas grandes, y pequeñas",
o dos veintenas, si los cuentas todos -

pero los números no son latidos del corazón,
ni soplos atando almas,
ni angustias cuando se van.

No *"hago canciones de ti, o de arrepentimientos o añoranzas",*
Me esfuerzo por recordar, a través de mi niebla
tu cintura, tus caderas,
tu mirada Ojos Verdes,
tu ardor Ojos Castaños.

Aquellos tiempos: los jadeos, los ojos mirando a las estrellas,
esas horas: piernas envueltas a mi alrededor como una enredadera,

Love Trio, Trío de Amor

The time you stormed off, the day you came back,
the sadness, when I made you go, the longing for your touch,

The excuses you made not to touch me
the void when you escaped my glance.

Not *"a score of women,"* but a mountain of memories
I mine to reach the corners of my mind and find another me connected to another you.

La vez que te marchaste, el día que volviste
la tristeza, cuando te hice ir, el anhelo de tus caricias,

Las excusas que diste para no tocarme
el vacío cuando te escapaste de mi mirada.

No *"una veintena de mujeres"*, sino una montaña de recuerdos
Yo escabo los rincones de mi mente y encuentro otro yo conectado a otro tú.

Love Trio, Trío de Amor

"Hello", was all he said
and his gentle smile pricked straight
into the fabric of my life.

We talked long that day,
the stitching pulling tight,
'till by night we had a single, flawless sheet.

Each time we met, we chased our souls
along the smoothness of the cloth,
sharing its comfort, adding new length.

Of a sudden, your half is torn and gone.

Now I sit, tears helplessly
running down the ragged edge.

"Hola", fue todo lo que dijo,
y su suave sonrisa pinchó directamente
en el tejido de mi vida.

Hablamos mucho ese día,
mientras la costura iba tirando fuerte,
hasta que por la noche teníamos una sola
sábana, impecable.

Cada vez que nos encontrábamos,
perseguíamos nuestras almas
a lo largo de la suavidad de la tela,
compartiendo su comodidad, añadiendo nueva
amplitud.

De repente, tu mitad está rasgada y se ha ido.

Ahora me siento, lágrimas desamparadamente
corren por el borde harapiento.

Love Trio, Trío de Amor

As a broken-winged bird she fell
rushing down to meet the world,
recalling that moment,
that push against the soft wall of balance,
stepping onto nothing,
her throat catching,
trying to stay behind,
her lungs clutching
their last fill of air,
then falling
trying to breathe the wind,
air pressing back her face.

At last, she stretches out
to embrace the speed,
as a hawk hits form
diving upon its prey,
and no longer knows
the moment of
letting go.

Como un pájaro de alas rotas cayó,
lanzandose al encuentro del mundo,
recordando ese momento,
ese empujón contra la suave pared del
equilibrio,
pisando la nada,
su garganta bloqueada,
tratando de quedarse atrás,
sus pulmones agarrando
su última bocanada de aire,
luego cayendo
tratando de respirar el viento,
el aire presionando su rostro.

Al fin, se estira
para abrazar la velocidad,
como un halcón llegando a su forma
lanzándose sobre su presa,
y ya no sabe
en qué momento
soltarse.

Love Trio, Trío de Amor

When your light went out
shone reflections of 1,000 others
sending their lights to help you find your way.

You never realized what beauty you
brought into the world at your weakest
moment.

The night stood still,
I bathed in your beauty -
Not yours, but
yours and theirs and theirs and theirs.

The quietness of your presence,
so mother-of-pearl,
gave me solace, and joy.

I wished that you could see your beauty here,
and sent you strength —

And then:
Your light came on.

Cuando tu luz se apagó
brillaron los reflejos de 1000 otras 1000
enviando sus luces para ayudarte a encontrar tu
camino.

Tu nunca te diste cuenta de la belleza que
trajiste al mundo en tu momento más débil.

La noche se detuvo,
Me bañé en tu belleza -
No solamente tuya , pero
La tuya con de ellos y de ellos y de ellos.

la quietud de tu presencia,
tan madreperla,
me dio consuelo, y alegría.

Deseé que pudieras ver tu belleza aquí
y te envié fuerza—

Y luego:
Tu luz se encendió.

Love Trio, Trío de Amor

Thank you for letting yourself
   be yourself
It forced me
to be me
despite myself
With hopes for us,
     love

Gracias por dejarte ser
   tú mismo.
Me obligó
a ser yo mismo
a pesar de mí mismo
Con esperanzas para nosotros,
     con amor

Love Trio, Trío de Amor

Notes on a few of the poems.

2 lights of different colors.

As an an engineer and a poet. I write poems using science, math and engineering. Hence, a love poem based on additive complementary colors.

Essential to this poem is to know that green and magenta lights are complementary, opposite colors. If you shine perfectly tuned green and magenta lights together, their colors add and you get white. On the other hand, if you put a green filter in front of that same magenta light, the green filter absorbs all of magenta wavelengths and no light comes through.

A magenta light looking at a green light would think it was not shining at all, and the same in the other direction. Hence the love poem.

Notas sobre algunos poemas.

2 luces de diferentes colores.

Como ingeniero y poeta. Escribo poemas usando ciencia, matemáticas e ingeniería. De ahí, un poema de amor basado en colores complementarios aditivos.

Esencial para este poema es que el verde y el magenta son colores opuesto

s complementarios, reales, cuando provienen de las luces.

Si haces brillar luces verdes y magenta perfectamente sintonizadas juntas, sus colores se suman y obtienes el blanco. Por otro lado, si coloca un filtro verde frente a esa misma luz magenta, el filtro verde absorbe todas las longitudes de onda magenta y no pasa luz.

Una luz magenta mirando a una luz verde pensaría que no brilla en absoluto, y lo mismo en la otra dirección. De ahí el poema de amor.

Two potatoes, groping in the dark.

I was walking through a corn field with a friend. I suddenly stopped and asked, "I never understood about the birds and the bees. I understand about sex, but this birds and bees thing baffles me." She explained about pollen and bees and male and female flowers and the like, and I went, "OK."

Some time later, we were walking through a garden, and I saw tulips. I said, "But the birds and bees story can't work with bulb plants. How do tulips do it?"

And so I wrote the poem about the potatoes.

Dos papas, tocándose en la oscuridad.

Caminaba por un campo de maíz con una amiga. De repente me detuve y pregunté: "Nunca entendí acerca de los pájaros y las abejas. Entiendo sobre el sexo, pero esto de los pájaros y las abejas me desconcierta ". Ella me explicó sobre el polen, las abejas, las flores masculinas y femeninas y cosas por el estilo, y yo dije: "Está bien".

Algún tiempo después, estábamos caminando por un jardín y vi tulipanes. Dije: "Pero la historia de los pájaros y las abejas no puede funcionar con las plantas de bulbos. ¿Cómo lo hacen los tulipanes?

Entonces escribí el poema sobre las papas.

A score of women if you count love both large, and small.

A friend sent me a poem by Jack Gilbert, "Cherishing What Isn't", and asked if that was how I felt. I can't include his poem here for obvious copyright reasons, but you can find it on the internet. Take a look and see what you think.

His poem didn't match the way I felt, so I wrote this to share my feelings. The parts in italics are from his poem. I hope it all makes sense - if you read his poem, maybe mine will make even more sense.

Unas veinte mujeres si cuentas el amor tanto grande como pequeño

Una amiga me envió un poema de Jack Gilbert, "Apreciando lo que no es", y me preguntó si así era como me sentía. No puedo incluir su poema aquí por razones obvias de derechos de autor, pero puedes encontrarlo en Internet. Eche un vistazo y vea lo que piensa.

Su poema no coincidía con la forma en que me siento, así que escribí esto como mi respuesta. Las partes en cursiva son de su poema. Lea todo el suyo, y tal vez el mío tenga más sentido.

Gentle snowflakes fall

I was in a workshop on something to do with team-building (Jerry Weinberg's "Problem Solving Leadership," for those who know of him). In that was a half-day simulation of a company, in which some people mined for Scrabble letters, some sold poems to the customers, and some custom-wrote poems to fill the order. Our customer ordered a sonnet and several haiku. This 5-7-5 haiku was one that I produced in that workshop.

Speakers of Spanish will notice that the Spanish version does not have the 5-7-5 haiku pattern. That was beyond the reach of translation, so we translated the words and meaning, but not the syllable count.

Suaves copos de nieve caen

Estaba en un taller sobre algo relacionado con la formación de equipos ("Liderazgo para la resolución de problemas" de Jerry Weinberg, para aquellos que lo conocen). En eso había una simulación de medio día de una empresa, en la que algunas personas buscaban cartas de Scrabble, algunas vendían poemas a los clientes y algunos escribieron poemas para completar el pedido. Nuestro cliente pidió un soneto y varios haikus. Este haiku fue uno que produje en ese taller.

Los hablantes de español notarán que la versión en español no tiene el patrón de haiku 5-7-5. Eso estaba más allá del alcance de la traducción, así que traducimos las palabras y el significado, pero no el recuento de sílabas.

Translators

My many thanks to Ganesha Barojas Chaigneau and Claudio Cortes, who spent hours poring over the poems and searching with me for words in Spanish.

As you might guess, poems don't translate easily. Potatoes, in english, have "eyes" that one can pretend are used to spy. Hence, "extend their eyes, to spy" works in English. In Spanish, those things are called "stalks", so the metaphor-play doesn't work. There were a number of cases like this.

I, as the poet, chose which meaning to drop in each case. Ganesha and Claudio looked that the Spanish was both faithful and as natural as might be, given the difficulties.

They did this for nothing but the pleasure of the hunt and out of kindness.

Thank you, Ganesha and Claudio

Traductores

Muchas gracias a Ganesha Barojas Chaigneau y Claudio Cortés, quienes pasaron horas estudiando los poemas y buscando conmigo palabras en español.

Como puede suponer, los poemas no se traducen fácilmente. Las papas, en inglés, tienen "ojos" que uno puede fingir que se usan para espiar. Por lo tanto, "extender sus ojos, para espiar" funciona en inglés. En español, esas cosas se llaman "tallos", por lo que el juego de metáforas no funciona. Hubo varios casos como este.

Yo, como poeta, elegí qué significado dejar caer en cada caso. Ganesha y Claudio vieron que el español era tan fiel como natural dadas las dificultades.

Hicieron esto por nada más que el placer de la caza y por amabilidad.

Gracias, Ganesha y Claudio.

Love Trio, Trío de Amor

End.

Alistair

www.ingramcontent.com/pod-product-compliance
Lightning Source LLC
Chambersburg PA
CBHW040004040426
42337CB00033B/5226